1880 Mai 18-25.

Oeuvre de Gavarni.

Paris, vente de la collection Mahérault (estampes), 18-25 mai 1880.

ŒUVRE DE GAVARNI

Cet œuvre, un des plus beaux et des plus complets que l'on connaisse, sera offert en entier aux amateurs sur la mise à prix de douze mille francs, si cette enchère n'est pas couverte, il sera vendu séparément, comme il est indiqué ci-après :

1310 — Mme la duchesse d'Abrantès (cat. de l'œuvre de Gavarni, par M. J. Armelhault et E. Bocher, n° 1).

1er état avant toutes lettres.

1311 — Mme la duchesse d'Abrantès, de face, le coude appuyé sur un piano (2. R. R. R.).

1312 — La même, en buste, après sa mort (3. R. R.).

Deux épreuves des 1er et 2e états, une est sur chine

1313 — Portrait d'homme à mi-corps (4. R. R. R.).

Épreuve sur chine.

1314 — Jeune fille à mi-jambes, assise sur un divan (5. R. R. R.)

1315 — Jeune femme à mi-corps, assise (6. R. R. R.).

Belle épreuve.

1316 — Arnal, du théâtre du Vaudeville (7).

Épreuve du 1er état.

1317 — Mme Constance Aubert, née d'Abrantès (8. R. R. R.).

1318 — S. Henri Berthoud (9. R. R. R.).

1319 — Le même personnage (10. R. R. R.).

Épreuve du 1er état.

1320 — Le même personnage (11. R. R. R.).

1321 — Mme Cenau. Théâtre de la Porte Saint-Martin (15).

1er état avant toute lettre.

1322 — Ch. Chandellier, feuille d'étude (16. R. R. R.).

GAVARNI

1323 — Le même personnage, à mi-corps, assis dans un fauteuil (17. R. R. R.).

Épreuve sur chine.

1324 — Quatre-vingt-dix ans (Chevalier, père de Gavarni) (19).

1er état avant toute lettre et 2e état avec la lettre.

1325 — Mlle Jenny Colon (20).

1er état.

1326 — Mlle Déjazet (21).

1327 — E. Dupaty, de l'Académie française (22).

1328 — Dusseau de la Croix (23. R. R. R.).

1329 — Ch. d'Espinois (24. R. R. R.).

1330 — S. M. l'Impératrice Eugénie (25).

Épreuve du 1er état avant toute lettre, sur chine, signée de Gavarni.

1331 — Alfred Feydeau (27. R. R. R.).

Épreuve coupée dont nous n'avons que le haut, sur chine.

1332 — Alfred Feydeau (28).

Épreuve du 1er état, sans lettre et sans fil d'encadrement.

1333 — Ernest Feydeau (29. R. R. R.).

Épreuve sur chine.

1334 — Mlle Feydeau (30. R. R. R.).

Épreuve sur chine.

1335 — Mme Feydeau (31. R. R. R.).

1336 — G. Floris (32. R. R. R.).

1er état avant toutes lettres.

1337 — Émile Forgues, Old-Nick (33. R. R. R.).

Deux épreuves, sur chine et sur blanc.

1338 — Gavarni (34).

Trois épreuves des 2e, 4e et 5e états sur chine.

GAVARNI

1339 — Mlle Georges (35).

Épreuve du 1er état avant toute lettre.

1340 — Mme Goulet (37. R. R. R.).

Épreuve sur chine.

1341 — Gusicow (38).

1342 — Le frère et la sœur, Prague. Henri, comte de Chambord, et la duchesse de Parme, enfants (39).

1343 — Hertz, banquier anglais (40. R. R. R.).

Belle épreuve.

1344 — Pauvre Mère, 4e acte (Adolphe Laferrière, rôle de Georges (41).

1er état sur chine, plus une épreuve avec cache-lettre, imprimée par Gavarni.

1345 — Raymond La Garrigue (42. R. R. R.).

Épreuve du 2e état..

1346 — Le même personnage (43. R. R. R.).

Épreuve sur chine.

1347 — Gustave de Lanoue (44. R. R. R.).

1348 — Mme Le Roy (45. R. R. R.).

1349 — Mme Mangin (46. R. R. R.).

1350 — S. A. J. Mme la Princesse Mathilde (48).

Épreuve du 1er état avant toute lettre, sur chine.

1351 — Mélingue (49).

Épreuve du 2e état, sur chine, plus une épreuve du 3e état.

1352 — Mélingue (by Gavarni in London (50. R. R. R.).

Belle épreuve.

1353 — Henri Monnier (51).

1er état, 2e état et 3e état, sur chine. 3 épreuves.

1354 — Le même personnage (52).

1er état, plus une épreuve du 3e état, sur chine.

GAVARNI

1355 — Mme Montigny (53. R. R. R.).

1356 — Mlle Nourlier (55).

1er état, avant toute lettre.

1357 — La Princesse Hélène, duchesse d'Orléans (56).

1358 — Mme Pellier (57. R. R. R.).

1359 — Peytel (58. R. R. R.).

2e état.

1360 — Eugénie Sauvage, artiste du Gymnase dramatique (59. R. R. R.).

1361 — Christophe Schmid, conteur allemand (60).

1er état avant toutes lettres, sur chine.

1362 — Joseph Szymanowski (61, R. R. R.).

Belle épreuve, sur chine.

1363 — M. et Mme Taigny, artistes du Vaudeville (63).

2e état, sans la tablette du haut, plus une épreuve du 3e état.

1364 — Fortunata Tedesco, artiste du Théâtre Italien (64, R. R. R.).

Épreuve du 1er état, avant toute lettre.

1365 — Thénot, peintre de paysage (65, R. R.).

Belle épreuve, sur chine.

1366 — Mme Anna Thillon, rôle de Lady Melvill (66).

1367 — Alcide Tousez, rôle de Bobèche (67).

1er état, avant toute lettre, sans fil d'encadrement.

1368 — Tronquoy, professeur de l'École polytechnique (68, R. R.R.).

Épreuve sur chine.

1369 — S. M. la Reine Victoria (69, R. R.).

1er état, avant toute lettre, sur chine.

GAVARNI

1370 — Mme de Viefville (70, R. R. R.).

1371 — M. G. T. Villenave, homme de lettres (71, R. R. R).

1372 — Gulnare (Mlle Waldor) (72).

1er état, avant toute lettre, plus une épreuve du 3e état, sur chine.

1373 — Mlle Wilmen, rôle de Ruben dans la Vallée aux Fleurs (73).

1er état avant toute lettre.

1374 — Célébrités contemporaines, Suite de six portraits en pied (75-80).

Épreuves du 2e état, sur chine.

1375 — Messieurs du Feuilleton. Suite de neuf portraits à mi-jambes ou à mi-corps (81-89).

Belles épreuves du 1er état, avant toute lettre, sur chine, plus quatre pièces doubles, aussi du 1er état, sur chine, coupé. Treize pièces.

GAVARNI

11e SECTION

Illustrations.

1re SUBDIVISION

Morceaux de musique.

1376 — A bas les médecins (90, R. R.).

2e état, avant la lettre, sur chine.

1377 — L'Albanaise (91).

1er état, avant toute lettre.

1378 — Amour à toi (92, R.).

1er état avant toute lettre, plus une épreuve avec la lettre.

1379 — Amour pour amour (93).

1er état et 2e état, sur chine.

1380 — L'Ange rebelle (94, R. R.).

2e état, avant la lettre, sur chine.

1381 — L'Annonce et la Réclame (95, R. R.).

1er état, avant la lettre, sur chine.

1382 — Au bord de la fontaine (96, R. R.).

1er état, avant toute lettre.

1383 — Le Captif (97, R. R. R.).

1er état, avant toute lettre.

1384 — La Captive (98, R. R. R.).

Avant toute lettre, sur chine.

1385 — Les Cellaronnes (99, R.).

2e état avant la lettre, sur chine.

1386 — C'est lui (100).

1er état avant toute lettre, portant le bon à tirer, signé de Gavarni.

1387 — La Cloche (101).

1er état avant toute lettre, sur chine.

GAVARNI

1388 — Le Cœur du marin (102).
1er état avant toute lettre, sur chine.

1389 — Le Cri de charité (103).
1er état avant toute lettre et 2e état.

1390 — L'Eau merveilleuse (104).
1er état, avant toute letre et 3e état.

1391 — Les Enfants terribles (105, R. R.).
1er état, avant la lettre, et 2e état.

1392 — L'Étrangère (106).
1er état, avant la lettre, et 2e état.

1393 — La Feuille et le Serment (107).
1er état, avant toute lettre, et 2e état.

1394 — Fleurs d'Orient (108).
1er état, avant la lettre, et 2e, 3e et 4e états.

1395 — L'Heure sainte (109).
1er état, avant toute lettre, et 2e état.

1396 — Julie (110, R.).
1er état, avant toutes lettres, et 2e état.

1397 — Laure en prière (111, R. R. R.).
Deux épreuves du premier état, une sur chine.

1398 — La Marseillaise des femmes (112, R.).
1er état, avant la lettre, sur chine.

1399 — Mais pourquoi pleurer (113)?
1er et 2e états, avant la lettre.

1400 — Mon Fils est là (114).
1er état, avant la lettre.

1401 — La Noce de Léonor (115).
1er état, avant toutes lettres.

GAVARNI

1402 — Notre-Dame de la Fontaine (116).

1er état, avant toute lettre et sans fil d'encadrement.

1403 — La même composition, en contre-partie (117, R. R. R.).

Épreuve sur chine.

1404 — Où donc est le bonheur (118, R.)?

1er état, avant toute lettre, sur chine.

1405 — Où vas-tu donc si matin (119, R. R.)?

1er état, avant toute lettre.

1406 — L'Ouvreuse de loges (120).

1er état, avant toute lettre, sur chine.

1407 — Premier Amour (121, R. R. R.).

1er état, avant la lettre, sans fil d'encadrement.

1408 — Que ne suis-je un comte (122) !

Deux épreuves de 1er état, avant la lettre, une est sur chine.

1409 — Ritta l'Andalouse (123).

1er état avant toutes lettres, sur chine.

1410 — Roberto Devereux (124, R.).

2e état.

1411 — Sans Amour (125, R.).

1er état, avant toutes lettres, sur chine.

1412 — Le Sénateur et la Gondolière (126, R. R.),

1er état, avant toute lettre, et 2e état.

1413 — La Sérénade (127, R. R.).

1er état, avant toute lettre, sur chine.

1414 — S'il vous souvient du mal d'Amour (128).

Deux épreuves de 1er état, avant toute lettre. Une est sur chine.

1415 — Six petits duos de salon (129).

1er état, avant la lettre, et 2e et 3e états.

1416 — Les Souvenirs (130, R. R. R.).

1er état, avant toute lettre, sur chine.

GAVARNI

1417 — Sympathie (131).

1er état, avant toute lettre, et 3e état.

1418 — Une scène des Apennins (132).

1er état, avant toute lettre, sur chine.

1419 — Valse de Giselle (133).

1er état, avant la lettre, sur chine.

1420 — La Romance. Suite de six lithographies faisant partie d'une suite de pièces dessinées par divers artistes, pour la Romance, journal de musique (134-139).

Belles épreuves, une est double, avant la lettre.

1421 — Les lis et les roses. Six pièces dont un titre (140-145).

Suite double en 1er état, avant la lettre, sur blanc et sur chine. Le titre sur chine est imprimé avec cache-lettre par Gavarni. Celui sur blanc porte une dédicace à Mme Récamier par Mme Mélanie Waldor. Le no 141 est double, du 2e état.

1422 — Mélodies de Mme Gavarni. Suite de dix lithographies (146-155).

Belles épreuves du 2e état, sur chine.

1423 — *L'Artiste*. Suite de cinquante-neuf lithographies faisant partie d'une suite de pièces dessinées par divers artistes pour l'Artiste, journal de littérature et de beaux-arts (156-213).

Belles épreuves, dont cinquante-deux du 1er état et avant la lettre. Quelques pièces sont doubles, avant la lettre, sur chine. En tout soixante-huit pièces.

1424 — Les Femmes artistes. Quatre pièces (209-212).

Belles épreuves, sur chine.

1425 — Bagatelle. Suite de six lithographies faisant partie d'une suite de pièces dessinées par divers artistes, pour Bagatelle, journal de la littérature, etc. (214-219).

Belles épreuves, trois pièces sont du 1er état, avant la lettre, deux sont doubles, avec la lettre. En tout neuf pièces.

GAVARNI

1426 — Le Commentaire (220), 1er et 2e états. — Les Lutins (143), 2e état. — Pepa (221), 2e état. — La Prière (144), 2e état. — La Captive (223), 1er état. — Projets de bonheur (223), 1er état. — Avenir et Souvenir (224), 1er état.

1427 — Jean-Jacques et Mlle Merceret (225).

1er état avant toute lettre, et 3e état. Deux pièces.

1428 — Procession du Diable. — Suite de la Procession du Diable (227-229), grande pièce en quatre morceaux, dont deux sont sur chine, un est double d'un second état.

Belles épreuves.

1429 — Mlle Monarchie, félicité, désirée (230, r.).

1430 — Les Actrices. Suite de quatorze pièces (231-244).

Belles épreuves du 1er état, avant toute lettre. Plusieurs pièces sont doubles avec la lettre.

1431 — Allons donc, Célestine!... (245). — Les Médaillons à la mode (286), — On ne dort pas les uns sans les autres (291), — Secret de Toilette approuvé par la chimie (305). Quatre pièces.

Belles épreuves du 1er état.

1432 — Ruse et Confiance (248), 1er et 2e états. Deux pièces.

1433 — Les Parasols (249), 2e état.

1434 — Les Parasols (249).

Belle épreuve du 1er état avant toute lettre et sans fil.

1435 — Des Phrases. Suite de quatre pièces (264-267).

Belles épreuves du 1er état, avant toute lettre.

1436 — Le Dimanche. Suite de cinq pièces (268-272).

Belles épreuves du 1er état, plus la même suite du 2e état et deux pièces doubles imprimées avec cache-lettres par Gavarni.

1437 — Industrie des enfants (285).

Deux épreuves du 1er état, avant toute lettre.

1438 — Les Médaillons à la mode (286).

Épreuves des 1er et 2e états.

GAVARNI

1439 — Modes de 1842 (287).

1er état, avant toute lettre, sur chine.

1440 — Les Muses. Suite de trois pièces (288-290).

Belles épreuves du 1er état, avant toute lettre. Une est double, avec la lettre.

1441 — On ne dort pas les uns sans les autres (291).

Deux épreuves, des 1er et 2e états.

1442 — Les Plaisirs champêtres. Quatre pièces (297-300).

Belles épreuves, des 1er et 2e états. Une pièce est double, du 3e état.

1343 — Revers des médailles. Deux pièces (301-302).

Belles épreuves du 1er état, avant toute lettre. Une pièce est double, avec la lettre.

1444 — Rien n'est bien. Suite de deux pièces (303-304).

Épreuves du 1er état, plus les deux mêmes pièces, imprimées avec cache-lettre par Gavarni.

1445 — Secret de Toilette approuvé par la chimie (305). — Six heures du matin (306). Quatre épreuves de ces deux pièces.

1446 — Souvenirs de Carnaval (307-309). Trois pièces.

Belles épreuves du 2e état. Une est double du 1er état, avant toute lettre.

1447 — Un Congé de semestre (310). Deux épreuves, dont une imprimée avec cache-lettre, par Gavarni.

1448 — Un Enfant terrible (311). — Va, enfant! va te livrer aux naïfs plaisirs de ton âge (312). Deux pièces.

1449 — Janvier, les Étrennes (318). Deux épreuves dont une imprimée avec cache-lettre, par Gavarni.

1450 — Neuf lithographies tirées du journal. Le Carrousel. Journal de la cour, de la ville et des départements (319-327).

Belles épreuves. Six sont du 1er état, avant toute lettre.

GAVARNI

1451 — L'Argent. Suite de quatre pièces (328-331).

Belles épreuves du 1er état, avant la lettre, plus deux pièces doubles, avec la lettre.

1452 — Les Artistes. Suite de seize pièces (332-345 et 246).

Belles épreuves du 1er état, avant la lettre. Deux pièces sont doubles, avec la lettre.

1453 — Bal de la Renaissance (346). — Le Bal masqué (347). Deux pièces, dont une sur chine.

Belles épreuves. Une est imprimée avec cache-lettre par Gavarni.

1454 — La Boîte aux lettres. Suite de trente-quatre pièces (348-368 et 1684-1696).

Belles épreuves du 1er état, avant la lettre. Les pièces qui n'ont pas d'état sont imprimées avec un cache-letttre par Gavarni. Plusieurs pièces sont doubles, avec la lettre ou tirées du *Charivari*.

1455 — Les Bosses. Suite de six lithographies (369-374).

Belles épreuves du 1er état, avant la lettre.

1456 — Les Bosses. Suite de six pièces (369-374).

Belles épreuves avant toutes lettres, avec inscriptions au crayon de la main de Gavarni.

1457 — Le Carnaval. Suite de vingt-sept pièces (375-397 et 250-1703 et 1704).

Belles épreuves du 1er état, avant la lettre. Les pièces qui n'ont pas d'état sont imprimées avec cache-lettre par Gavarni. Manque une pièce pour que la suite soit complète.

1458 — Le Carnaval à Paris. Suite de quarante pièces (393-422 et nos 251, 257, 1232, *etc.*).

Belles épreuves du 1er état, avant toutes lettres. Manque le no 32 pour que la suite soit complète.

1459 — Le Chevalier de Nogaret. Suite de six pièces (423-428).

Belles épreuves du 1er état, avant toutes lettres. Une pièce est double, du 2e état.

1460 — Clichy. Suite de vingt et une pièces (429-448).

Belles épreuves du 1er état, avant toute lettre.

GAVARNI

1461 — **Les Coulisses. Suite, trente et une pièces (440-479).**

Belles épreuves du 1er état, avant toute lettre. Le no 12 est avec la lettre.

1462 — **Croquis fantastiques. Suite de six pièces (480-485).**

Belles épreuves du 1er état, avant toute lettre.

1463 — Les Débardeurs. Suite de soixante-six pièces, dont neuf ont paru antérieurement à leur publication dans le Charivari (486-542).

Belles épreuves du 1er état, avant toute lettre.

1464 — Le Diable hors barrière (543).

Épreuve du 1er état, avant toute lettre.

1465 — Éloquence de la chair. Suite de vingt et une lithographies (544-564).

Belles épreuves du 1er état, avant toute lettre.

1466 — Les Enfants terribles. Suite de cinquante pièces, y compris un frontispice (565-613).

Belles épreuves du 1er état, avant toute lettres, le no 2 est avec la lettre, et 23 pièces sont doubles, également avant la lettre, sur chine.

1467 — Les Étudiants de Paris. Suite de soixante pièces, dont huit n'ont été ajoutées à cette suite que lors de sa mise en vente en album, sans texte au verso (614-661).

Belles épreuves du 1er état, avant toute lettres. Huit pièces sont avec la lettre.

1468 — Fourberies de femmes (2e série). Suite de cinquante-deux pièces, dont onze ont paru primitivement dans la caricature (662-702).

Belles épreuves du 1er état, avant toute lettre.

1469 — Gentilhomme de service dans la garde urbaine (703).

Épreuves du 1er état, avant toute lettre.

1470 — Impressions de ménage (1re série). Suite de trente-six pièces (704-739).

Belles épreuves du 1er état, avant toutes lettres. La première est du 2e état.

GAVARNI

1471 — Procédé peu coûteux pour la fabrication des grands journaux (740).

Épreuve du 1er état, avant toute lettre.

1472 — Leçons et Conseils. Suite de vingt pièces (741-760).

Belles épreuves du 1er état, avant toute lettre.

1473 — La Loge du bal (761). — La Loge des bouffes (762). — Le Phénakisticop (948).

Trois pièces, dont une de 1er état, avant toute lettre.

1474 — Les Lorettes. Suite de soixante-dix-neuf pièces (763-841).

Belles épreuves du 1er état, avant toute lettre. Trois pièces sont doubles avec les inscriptions au crayon de la main de Gavarni.

1475 — Les Maris vengés. Suite de dix-huit pièces (842-861).

Belles épreuves, du 1er état, tirées avec cache-lettre, par Gavarni.

1476 — Les Martyrs. Suite de huit pièces (862-869).

Belles épreuves du 1er état, avant toute lettre.

1477 — Modes d'enfants (870). — Modes d'hommes (871). — Deux pièces.

Belles épreuves du 1er état, avant toute lettre, une est imprimée avec cache-lettre, par Gavarni.

1478 — M. Loyal. Suite de cinq pièces (872-876).

Belles épreuves du 1er état, avant toute lettre.

1479 — Nuances du sentiment. Suite de vingt-cinq pièces (877-901).

Épreuves de 1er état, avant la lettre, ou imprimées avec cache-lettre, par Gavarni. Une pièce est avec la lettre.

1480 — Paris le matin. Suite de douze pièces (902-913).

Belles épreuves du 1er état, avant toute lettre.

1481 — Paris le soir. Suite de vingt-cinq pièces, dont quatre n'ont point paru dans le Charivari (914-933).

Belles épreuves du 1er état, avant toute lettre. Cinq sont avec la lettre dont deux avec texte au verso.

GAVARNI

1482 — Les Patois de Paris. Suite de trois pièces (934, 935 et 296).

Belles épreuves, imprimées par Gavarni, avec cache-lettre.

1483 — Les Petits malheurs du bonheur. Suite de douze pièces (936-947).

Belles épreuves du 1er état, avant la lettre, ou imprimées avec cache-lettre par Gavarni. Une pièce est double sur chine.

1484 — Traductions en langues vulgaires. Suite de cinq pièces (953-957).

Belles épreuves du 1er état, avant toute lettre. Deux pièces sont doubles, sur chine.

1485 — Transactions. Suite de sept pièces en travers (958-964).

Belles épreuves du 1er état, avant toute lettre; le nº 1 est imprimé avec cache-lettre, par Gavarni.

1486 — Un Couplet de vaudeville. Suite de six pièces (965-970).

Belles épreuves du 1er état, avant toute lettre.

1487 — La Vie de jeune homme. Suite de trente-six pièces, dont sept ont paru primitivement dans la Caricature (971-997).

Belles épreuves du 1er état, avant toute lettre. Seize pièces doubles en 1er état, sur chine; deux sont avec la lettre et une est imprimée avec cache-lettre, par Gavarni.

1488 — *Œuvres nouvelles.* Affiches illustrées. Suite de six pièces (998-1003).

Très belles épreuves avant la lettre, une est double, avec la lettre.

1489 — Balivernes parisiennes. Suite de vingt-quatre pièces (1004, 1023 et 1680-1683).

Belles épreuves du 1er état, avant toute lettre, une est avec la lettre et trois sont doubles, aussi avec la lettre.

1490 — Carnaval. Suite de cinquante lithographies (1024-1068 et 2223).

Belles épreuves du 1er état, avant la lettre. Une est avec la lettre et vingt-quatre sont doubles, aussi avec la lettre.

GAVARNI

1491 — Chemin de Toulon. Suite de dix pièces (1069-1075 et 1709-1711).

Belles épreuves du 1er état, avant toute lettre. Cinq pièces sont doubles, avec la lettre.

1492 — Des Mères de famille. Suite de cinq pièces (1076-1080).

Belles épreuves du 1er état, avant toute lettre, une est double, avec la lettre.

1493 — Faits et gestes du propriétaire. Suite de six lithographies (1081-1086).

Belles épreuves du 1er état avant toute lettre sur chine.

1494 — Gentilshommes bourgeois. Suite de trois pièces (1087-1089).

Belles épreuves du 1er état, avant toute lettre.

1495 — Impressions de ménage. Deuxième série. Suite de trente-neuf pièces (1090-1128), le n° 1 est de la plus grande rareté.

Belles épreuves du 1er état, avant toute lettre, sur chine. Une pièce est avec la lettre et six sont doubles, aussi avec la lettre.

1496 — Les Parents terribles (1129).

Belle épreuve du premier état, avant toute lettre, sur chine.

1497 — Le Parfait créancier. Suite de dix lithographies (1130-1139).

Belles épreuves du 1er état, avant toute lettre. Trois pièces sont doubles, avec la lettre.

1498 — Les Patrons. Suite de deux pièces (1140-1141).

Belles épreuves du 1er état, avant toute lettre, une épreuve double avec la lettre et une aussi double, avant la lettre, sur chine, quatre pièces.

1499 — Julia Farnèse (1142).

Belle épreuve sur chine.

1500 — *Courrier des enfants*. Suite de six pièces publiées dans ce journal (1143-1147).

Belles épreuves. Trois sont sur chine.

GAVARNI

1501 — Manières de voir des voyageurs. Suite de dix pièces (1148-1151, 1387-1389 et 1787-1789).

Belles épreuves du 1er état, avant toute lettre.

1502 — Le Manteau d'Arlequin. Suite de douze pièces (1152-1163).

Belles épreuves du 1er état, avant toute lettre.

1503 — Le Carnaval. Pièce publiée dans le Figaro (1164). — Figaro trouvera toujours du bois vert (1165). — Deux épreuves du premier état, et une du deuxième. Quatre pièces.

1504 — Interjections. Suite de quatre pièces (1166-1169).

Belles épreuves du 1er état, avant toute lettre.

1505 — Marie Rémond (1170).

Belle épreuve du 1er état, avant toute lettre.

1506 — La Politique. Suite de neuf lithographies (1171-1179).

Belles épreuves du 1er état, avant toute lettre. Trois pièces sont doubles avec la lettre.

1507 — Politique de femme. Suite de dix-huit pièces (1180-1197 et 949-950).

Belles épreuves du 1er état, avant la lettre. Les pièces qui n'existent pas avant la lettre, sont tirées avec cache-lettre, par Gavarni.

1508 — Les Rêves. Suite de six pièces (1198-1203).

Belles épreuves avant la lettre, dont deux imprimées avec cache-lettre, par Gavarni.

1509 — Le Salon. Suite de trois lithographies (1204, 1205 et 952).

Belles épreuves du 1er état, avant toute lettre. Deux sont doubles, avec la lettre.

1510 — Théâtre du Vaudeville. Le Plastron (1206). — Voilà pourtant comme je serai dimanche (1207). — Voyez le restant de la vente (1208). Trois pièces.

Belles épreuves du 1er état. Trois doubles en différents états. Six pièces.

GAVARNI

1511 — Journal de l'Académie d'horticulture. Une pièce publiée dans ce journal (1209).

1512 — Une Audience (1210). Premier état avant toute lettre. — Les Femmes (1211). Épreuve sur chine. Deux pièces.

1513 — Fête de village, — Mélancolie, — Avant de mourir, — Le Marchand de hannetons, — Fantaisie (1212-1216). Cinq pièces tirées du *Journal des gens du Monde.*

Belles épreuves, dont une du 1er état, avant toute lettre, sur chine.

1514 — *Journal Des jeunes personnes.* Album 1833. Quatre pièces (1217-1220), — Album de 1834. Quatre pièces (1221-1224, — Album de 1835. Quatre pièces (1225-1230).

Belles épreuves, du 1er état, plusieurs pièces sont doubles, sur chine, et avec la lettre. En tout vingt pièces.

1515 — Promenade (1231).

Épreuve du 1er état.

1516 — Le Monde dramatique. Cinq pièces (1234-1238).

Belles épreuves du 1er état.

1517 — *Masques et Visages.* Les Anglais chez eux. Suite de vingt lithographies (1239-1256 et 1753-1756).

Belles épreuves du 1er état, avant toute lettre.

1518 — Bohêmes. Série de vingt lithographies (1257-1276).

Belles épreuves du 1er état avant toute lettre, sur chine.

1519 — L'École des pierrots. Série de dix lithographies (1278-1281 et 1766-1771).

Belles épreuves du 1er état, auant toute lettre.

1520 — Études d'Androgynes. Suite de dix pièces (1282-1291).

Belles épreuves du 1er état, avant toute lettre, sur chine.

1521 — La Foire aux amours. Suite de dix pièces (1292-1301).

Belles épreuves du 1er état, avant toutes lettres, sur chine.

GAVARNI

1522 — Histoire d'en dire deux. Suite de dix pièces (1302-1311).

Belles épreuves du 1er état, avant toute lettre, sur chine.

1523 — Histoire de politiquer. Suite de trente lithographies (1312-1337 et 1772-1775).

Belles épreuves du 1er état, avant toute lettre.

1524 — Les Invalides du sentiment. Suite de trente pièces (1338-1367).

Belles épreuves du 1er état, avant toutes lettres.

1525 — Les Lorettes vieillies. Suite de trente lithographies (1368-1386 et 1776-1786).

Belles épreuves du 1er état, avant toute lettre.

1526 — Les Maris me font toujours rire. Suite de trente lithographies (1390-1419).

Belles épreuves du 1er état, avant toute lettre, sur chine.

1527 — Les Parents terribles. Suite de vingt lithographies (1420-1436 et 1790-1792).

Belles épreuves du 1er état, avant toute lettre, sur chine.

1528 — Les Partageuses. Suite de quarante lithographies (1437-1475).

Belles épreuves du 1er état, avant toute lettre.

1529 — Les Petits mordent. Suite de dix lithographies (1476-1485).

Belles épreuves du 1er état, avant toute lettre, sur chine.

1530 — Piano. Série de dix lithographies (1486-1493 et 1794-1795).

Belles épreuves du 1er état, avant toute lettre, sur chine.

1531 — Les Propos de Thomas Vireloque. Série de vingt lithographies (1494-1509 et 1796-1799).

Belles épreuves du 1er état, avant toute lettre.

GAVARNI

1532 — *Revue des Peintres.* Deux pièces publiées dans ce journal (1510-1511).

Belles épreuves.

1533 — Musiciens comiques ou pittoresques. Suite de vingt-huit pièces (1512-1539).

Belles épreuves du 1er état, avant toute lettre.

1534 — Physionomies des chanteurs. Suite de dix-sept pièces (1540-1556).

Belles épreuves du 1er état, avant toute lettre, sur chine.

1535 — Sept pièces publiées dans la Revue et Gazette musicale (1557-1563).

Belles épreuves du 1er état, avant toute lettre.

1536 — Les Chevaliers de la Belle Etoile (1564), premier et deuxième états, — Judith (91), premier état, avant toute lettre. Trois pièces.

1537 — A. Higland Piper (1567).

Épreuve avant toute lettre, sur chine, du 1er état.

1538 — La même pièce.

Épreuve du 2e état, sur chine.

1539 — Suite de vingt-deux lithographies pour l'ouvrage intitulé : Contes du chanoine Schmid, traduction de Gerfbeer de Medelsheim. Paris, A. Royer, 1843 (1568-1588).

Très belles épreuves du 1er état, très rares. Le portrait formant la vingt-deuxième pièce de la suite est décrite sous le n° 60 du cat. de l'œuvre.

1540 — D'après nature. Suite de quarante lithographies (1589-1628).

Belles épreuves du 1er état avant toute lettre.

1541 — La même suite.

Belles épreuves avec la lettre.

GAVARNI

1542 — Sept lithographies faisant partie d'une suite de cent vingt-sept pièces lithographiées par divers artistes, pour l'ouvrage intitulé : « La Grèce. Vues pittoresques et topographiques (1629-1635).

Belles épreuves.

1543 — Deux pièces à claire-voie pour le Panthéon de la jeunesse (1636-1637).

Belles épreuves du 1er état, plus trois pièces doubles des 2e et 3e états

1544 — Le Revenant (1638), — Marie de France et Jean des Essarts (1639), — Alain-Chartier (1641), — Le Dauphin vole des poires (1642), — Marguerite de France (1644), — Henri IV et le Mannequin (1645), — Henri IV et Jacquotot (1646). Sept pièces.

Épreuves du 1re état, sauf deux qui sont du 2e; une est double, 1er éta sur chine.

1545 — La Double Rencontre (1648).

Deux épreuves, des 2e et 3e états.

1546 — Album de l'infini. Suite de six pièces (1649-1654).

Belles épreuves, deux sont du 1er état et les autres des 2e et 3e, plus trois pièces doubles avec différences dans les titres.

1547 — Amours. Suite de douze pièces, avec couverture ornée d'un sujet lithographié sur le titre (1655-1667).

Belles épreuves du 2e état, quatre pièces sont doubles, du 1er état avan toute lettre.

1548 — Les Artistes anciens et modernes. Sept pièces publiées dans cet ouvrage (1669-1674).

Belles épreuves.

1549 — Les Artistes contemporains. Cinq pièces publiées dans cet ouvrage (1675-1679).

Belles épreuves, dont deux doubles, du 1er état.

1550 — La Boîte aux lettres (1684-1696 et 348-351, etc.). Vingt-deux pièces de cette suite, avant la lettre.

GAVARNI

1551 — Caractères. Suite de cinq lithographies (1697-1702, R. R. R.).

Belles épreuves avant toutes lettres. Deux pièces sont doubles, sur chine, le n° 1 est aussi double, colorié, avec inscriptions par Gavarni.

1552 — Diableries (1713, R. R. R.).

Belle épreuve imprimée sur papier de couleur.

1553 — Croquis par divers artistes (1712).

Epreuve sur chine.

1554 — Etudes de genre. Deux lithographies en travers pour une suite projetée (1714-1715, R. R. R.).

Belles épreuves avant toute lettre, sur chine, une est double, sur blanc, avec inscriptions au crayon, de la main de Gavarni.

1555 — Études d'enfants. Suite de douze pièces, avec couverture (1716-1725).

Belles épreuves du 2e état, plus huit pièces doubles du 1er état, avant toute lettre en tout vingt pièces et le titre.

1556 — Fantaisies, cinquième livraison (P. 430-431). Quatre pièces.

Belles épreuves.

1557 — Fantaisies par divers artistes (1727).

Belle épreuve.

1558 — Fourberies de femmes. Première série. Suite de douze pièces (1728-1739).

Belles épreuves du premier état, avant toute lettre.

1559 — Causerie (1740).

Épreuve sur chine.

1560 — La Littérature illustrée. Suite de lithographies annoncées sous ce titre, et dont il n'a paru que douze pièces numérotées de un à six pour : Les Confessions de J. J. Rousseau, et de 7 à 12 pour : Jocelyn, poème de Lamartine (1742-1753).

Belles épreuves. Deux pièces sont doubles avant toute lettre, les inscriptions manuscrites, de la main de Gavarni.

GAVARNI

1561 — Une Macédoine (1754, R. R. R.).

Belle épreuve en couleur.

1562 — Ce qui se fait dans les meilleures sociétés (1277 et 1757-1765). Dix pièces.

Belles épreuves du 1er état, avant toute lettre.

1563 — Masques et visages (nouvelles séries). Suite de cent lithographies formant deux séries, l'une sous le titre : *Par-ci par-là*, l'autre, sous celui : *Physionomies parisiennes* (1800-1899).

Superbes épreuves du 1er état, avant toute lettre.

1564 — La même suite complète.

Épreuves avec la lettre.

1565 — Miscellanea. Suite de six pièces, avec couverture, ornée d'un sujet lithographié. En tout, sept lithographies par Gavarni (1900-19.6, R. R. R.).

Belles épreuves. Quatre sont doubles, du 1er état, avant toute lettre.

1566 — Les Misères. Suite de six pièces dont nous n'avons que cinq (1907-1912, R. R.).

Belles épreuves du 1er état, avant toute lettre.

1567 — Le Lansquenet, — Le Foyer, — La Chanson de table (1913-1915). Trois pièces. Les deux premières avant la lettre, sur chine. La Présentation, quatrième pièce de cette suite lithographiée par Charpentier, d'après Gavarni.

Belles épreuves.

1568 — Paris, suite de six pièces (1916-1921).

Belles épreuves du 1er état, avant toute lettre.

1569 — La même suite.

Épreuves du 2e état, avec la lettre et la bordure.

1570 — Paris au XIXe siècle. Six pièces (1922-1927). Quatre pièces sont du premier état, et avant la lettre, les autres du deuxième état, plusieurs pièces sont doubles, avec la bordure, ou avec cache-lettre. En tout onze pièces.

Belles épreuves.

GAVARNI

1571 — Les Parisiens. Suite de douze pièces (1928-1939).

Belles épreuves du 1er état, avant toute lettre.

1572 — La même suite.

Belles épreuves avec la lettre.

1573 — Suite de petites figures. Suite de vingt-quatre pièces, avec couverture, dont le titre est orné d'un fleuron lithographié (1941-1965), manque les nos 6, 7, 11 et 12.

Belles épreuves. Rares.

1574 — Les Petits Bonheurs des Demoiselles. Suite de huit pièces (1966-1973).

Belles épreuves du 1er état, avant toute lettre.

1575 — Les Petits jeux de société. Suite de six pièces avec couverture (1974-1979).

Belles épreuves. Quatre pièces sont doubles, du 1er état, avant toute lettre.

1576 — Petits métiers. Suite de trois lithographies en travers (1980-1982).

Belles épreuves, sur chine; le no 1 est double, du 1er état avant la lettre.

1577 — Petits travestissements, — Petites scènes diaboliques, — Petits fashionables (1983-1985). Trois pièces. Rares.

Belles épreuves. La dernière est double, d'un second état.

1578 — Le revers des médailles. Suite de deux lithographies (1993-1994).

Belles épreuves du 1er état, avant toute lettre.

1579 — Rustic Groups of figures. Suite de six pièces dans une couverture (1995-2000).

Belles épreuves.

1580 — La même suite complète

Épreuves sans aucunes lettres.

GAVARNI

1581 — Scènes de la vie intime. Suite de douze pièces, avec titre (2001-2013).

Belles épreuves. Les six premiers, du 1er état, avant toutes lettres, et les dernières du 2e état, avant les numéros. Manque les nos 2011 et 2012.

1582 — Tireuse de cartes, — Pudeur perdue (2014-2015). Deux pièces.

Épreuves sur chine.

1583. — Souvenirs du Carnaval. — Suite de six pièces avec une converture ornée d'un dessin lithographié (2016-2022).

Suite double, du 1er état, avant toute lettre, et du 2e état, avec la lettre. Treize pièces, y compris le titre.

1584 — Souvenirs des Pyrénées (2024, 2026, 2027, r.r.).

Belles épreuves.

1585 — Les Toquades. Suite de vingt lithographies inédites (2029-2048).

Belles épreuves, sur chine.

1586 — Types contemporains. Suite de cinq lithographies (2049-2053).

Belles épreuves du 1er état, avant toute lettre.

1587 — Les Contrebandiers (2055, r.r.r.).

1588 — T'en souviens-tu, friponne (2057, r.).

Belle épreuve du 1er état, plus une épreuve du 2e état.

1589 — C'est toi, mauvais sujet (2058).

Épreuve du 1er état, avant toute lettre.

1590 — Le Courrier de Paris (2059, r.r.).

Épreuve du 1er état, avant toute lettre, plus une épreuve avec la lettre.

1591 — Un Cabinet chez Pétron (2060).

Trois épreuves, dont deux du premier état, avant toute lettre.

1592 — Un Souper de Carnaval (2061).

Deux épreuves des 2e et 3e états.

GAVARNI

1593 — Déjeuner de Garçon, — Promenade (2062-2063). Deux pièces.

Belles épreuves.

1594 — Bonjour Ami (2064, r.r.).

1595 — Vois mon Mari derrière (2065).

Épreuve du 3e état.

1596 — La Croix de Jésus (2066, r.r.).

Deux épreuves, dont une avant toute lettre du 1er état, et l'autre du 2e état, avec la lettre.

1597 — Mascarade (2067, r.r.r.).

Épreuve en couleur.

1598 — Vieux habits, vieux galons (2068, r.r.r.).

1599 — Le Ballon perdu (2069, r.r.r.).

Épreuve du 1er état, avant toute lettre, sur chine.

1600 — Lecture de l'Artiste (2070).

Épreuve du 2e état.

1601 — La Recherche de l'inconnu (2071, r.r.).

1er état, avant toute lettre.

1602 — Le Diable à Paris (2072, r.r.).

Épreuve du 1er état, avant toute lettre, sur chine.

1603 — Balayeur de rues, — Marchand de casseroles (2073-2074).

Belles épreuves, sur chine.

1604 — Élisa (2077, r.r.r.).

1605 — Le Boa (2078, r.r.r.).

1606 — On l'entoure (2080, r.r.r.).

Épreuve sur chine.

1607 — Le Commissionaire (2081, r.r.).

Épreuve sur chine.

GAVARNI

1608 — A la campagne (2082, r.r.r.).

1609 — Fantaisie (2083, r.r.r.).

1610 — L'Album (2084, r.r.r.).

Épreuve du 1er état, avant toute lettre, sur chine, plus une épreuve avec la lettre.

1611 — Fantaisie (2085, r.r.r.).

1612 — Enfant terrible (2087, r r.r.).

Épreuve sur chine.

1613 — Le Yatagan (2088, r.r.r.).

1614 — Le Vase de cristal (2089, r.r.r.).

1615 — Un Fumeur (2090, r.r.r.).

1616 — Argent mal employé (2091, r.r.r.).

1617 — Le Bouquet (2092, r.r.r.).

1618 — Mais ! mais avec Mathieu-Mathieu t'as ça..... (2093, r.r.r.).

Deux épreuves, dont une avant toute lettre.

1619 — En Prison (2094, r.r.r.).

1620 — La Fille et la Mère (2095, r.r.r.).

1621 — Maraudeur (2096, r.r.r.).

1622 — L'Épicier (2097, r.r.r.).

1623 — En attendant (2098, r.r.r.).

Épreuve sur chine.

1624 — Magicienne (2099, r.).

Épreuve du 1er état, avant toute lettre.

1625 — Un modèle (2100, r.r.r.).

1626 — Étude d'Enfant (2101, r.r.r.).

Épreuve sur chine.

1627 — Étude d'Enfant (2102, r.r.r.).

GAVARNI

1628 — Rue de Saint-Jean (2103, r.r.r.).

Épreuve sur chine.

1629 — Pierrot (2106, r.r.r.).

Épreuve sur chine.

1630 — Ma Femme dessine le paysage (2107, r.r.r.).

Épreuve sur chine.

1631 — Le Chemin creux (2108, r.r.r.),

1632 — Prière à la Vierge (2109, r.r.r.).

1633 — Contrebandier espagnol (2110, r.r.r.).

1634 — Rêverie (2111, r.r.r.).

Épreuve sur chine.

1635 — L'Escalier (2112, r.r.r.).

1636 — Seule dans une loge (2113, r.r.r.).

1637 — L'Odalisque (2116, r. r. r.).

Épreuve sur chine.

1638 — Les Souliers neufs (2117, r. r. r.).

Épreuve sur chine.

1639 — L'Amazone (2119, r. r. r.).

1640 — Le Précipice (2120, r. r. r.).

Épreuve sur chine.

1641 — Curiosité (2121, r. r. r.).

Épreuve sur chine.

1642 — Méditation (2122, r. r. r.).

Épreuve sur chine.

1643 — La Pommade du Lion (2123, r. r. r.).

1644 — Quand on attend sa Belle (2124, r. r. r.).

1645 — Mercier ambulant (2125, r. r. r.).

Belle épreuve, sur chine.

GAVARNI

1646 — La même pièce.

Épreuve imprimée en rouge.

1647 — Le Petit Bateau (2126, r. r. r.).

1648 — Les Lilas (2127, r. r. r.).

Épreuve sur chine.

1649 — Doux Entretien (2128, r. r. r.).

Épreuve sur chine.

1650 — Tendresse (2129, r. r. r.).

Épreuve sur chine.

1651 — L'Écharpe (2130, r. r. r.).

Épreuve sur chine.

1652 — Le Corset (2131, r. r. r.).

1653 — Bouderie (2132, r. r. r.).

1654 — Prélude (2134, r.).

Épreuve sur chine.

1655 — Dans les bois (2135, r. r. r.).

Épreuve sur chine.

1656 — Les Regrets (2136, r. r. r.).

Épreuve sur chine.

1657 — Orientale (2137, r. r. r.).

Deux épreuves, dont une sur chine.

1658 — Confidence (2139, r. r. r.).

Épreuve du 1er état, avant toute lettre, plus une épreuve du 2e état.

1659 — Prières sur une Tombe (2140, r. r. r.).

Épreuve sur chine.

1660 — Deux Amies (2141, r. r. r.).

1661 — Rencontre sur la Montagne (2142, r. r. r.).

Épreuve sur chine.

1662 — Le Mur mitoyen (2144, r. r. r.).

GAVARNI

1663 — Projets de bonheur (2145-2146). Deux pièces.

1664 — M. Un Tel (2147, r. r. r.).

Deux épreuves, dont une sur chine.

1665 — Départ pour la Promenade (2148, r. r. r.).

Épreuve sur chine.

1666 — Le Hamac (2150, r. r. r.).

Deux épreuves, dont une du 1er état, avant toute lettre.

1667 — Le Jour des Morts (2151, r. r. r.).

Épreuvesur chine.

1668 — Piété filiale (2152, r. r. r.).

Épreuve sur chine.

1669 — Le Gendarme aragonais (2155, r. r. r.).

Épreuve sur chine.

1670 — Le Soulier de bal (2156, r. r. r.).

1671 — Est-ce que tu t'amuses ici ? (2157, r. r. r.).

1672 — Causerie au bal masqué (2158, r. r. r.).

Épreuve sur chine.

1673 — C'est à ne pas croire, n'est-ce pas ? (2159, r. r. r.).

1674 — En vérité !.. Oui, mon cher (2160, r. r. r.).

1675 — Gentilshommes de banlieue en divertissement de mi-carême (2161, r. r. r.).

Belle épreuve.

1676 — Le Frère ignorantin (2162, r. r. r.).

1677 — La Chasse (2164, r. r. r.).

1678 — Me voilà prête (2165, r. r. r.).

Épreuve sur chine.

1679 — Feuille de croquis (2166, r. r. r.).

1680 — Pièces d'Argenterie (2167, r. r. r.).

GAVARNI

1681 — La Mort de Napoléon II (2168, r. r. r.).

Épreuve sur chine.

1682 — Deux Artistes d'autrefois (2171, r. r. r.).

Épreuve sur chine.

1683 — Le Mari, la Femme et l'Amant (2172, r. r. r.).

Épreuve sur chine.

1684 — La Pastourelle (2173, r. r. r.).

Épreuve sur chine.

1685 — Marocains (2174, r. r. r.).

Épreuve sur chine.

1686 — Gens de Barèges en voyage (2176, r. r. r.).

Épreuve sur chine.

1687 — Un Épisode de Bal masqué (2182, r. r. r.).

1688 — Gargantua (2183, r. r. r.).

Épreuve sur chine.

1689 — Au Bal (2184, r. r. r.).

Épreuve sur chine.

1690 — Leçon d'Armes (2185, r. r. r.).

1691 — Feuille de croquis (2186, r. r. r.)

Épreuves sur chine.

1692 — Mesdames de la Halle (2187, r. r. r.).

Belle épreuve, sur chine.

1693 — Les Forts de la Halle (2188, r. r. r.).

Belle épreuve, sur chine.

1694 — Le Jour de l'an chez l'ouvrier (2189, r. r. r.).

Belle épreuve, sur chine.

1695 — L'Aumône (2190, r. r. r.).

Belle épreuve, sur chine.

GAVARNI

1696 — L'Abeille impériale. Suite de sept pièces (2191-2197).

Belles épreuves du 1er état, avant la lettre, sur chine, plus la même suite du 2e état, avec la lettre, sur chine.

1697 — Suite de neuf pièces publiées dans le journal l'Artiste (2198-2206).

Belles épreuves, dont cinq avant toutes lettres.

1698 — Le Carrousel. Seize pièces publiées dans ce journal (2207-2222).

Belles épreuves en noir et coloriées. Onze pièces sont du 1er état, avant toutes lettres et neuf sont doubles, avec la lettre, coloriées. En tout vingt-cinq pièces.

1699 — Costumes d'Humann (2224 à 2240).

Belles épreuves du 1er état, avant toutes lettres, le no 2240 est avec la lettre, une pièce est double, sur chine. Dix-sept pièces.

1700 — Histoire du Costume en France. Suite de onze pièces (2241-2251).

Belles épreuves du 1er état, avant toute lettre.

1701 — Modes, Costumes d'Humann (2252 à 2268). Dix-sept pièces.

Belles épreuves du 1er état, avant toute lettre.

1702 — Revue fashionable (2269 à 2271). Quatre pièces.

Belles épreuves du 1er état, avant toute lettre, une est double, sur chine.

1703 — Souvenirs du Bal chicard. Suite de vingt lithographies à claire-voie, dont nous n'avons que dix-neuf (2272 à 2291).

Belles épreuves du 1er état, avant toute lettre, La première pièce n'existe pas avant la lettre.

1704 — Chronique de Paris. Huit pièces publiées dans ce journal (2292-2299).

Belles épreuves. Sept sont du 1er état, avant toute lettre, et deux sont doubles avec la lettre. Coloriées.

GAVARNI

1705 — Costumes composés pour les bals masqués. Huit pièces (2300-2305).

Belles épreuves. Sept sont du 1er état, avant toute lettre et six sont doubles avec la lettre. Coloriées.

1706 — Modes (2330).

1707 — Fashionables. Suite de 12 pièces dont nous n'avons que sept (2331-2342).

Belles épreuves, dont deux avant toute lettre.

1708 — Costume de chasse (2343).

Épreuve du 1er état, avant toute lettre.

1709 — Chez soi (2345), — Un Bal de Carnaval (2346). Deux pièces.

Belles épreuves, la deuxième est avant toute lettre, et la première est double, coloriée.

1710 — Journal des Gens du monde (2348-2368). Suite de vingt et une pièces.

Belles épreuves. Trois sont avant la lettre et le n° 2348 est de la plus grande rareté. Quatre pièces sont doubles, sur chine.

1711 — Journal des Jeunes Personnes. Dix-huit lithographies publiées dans ce journal (2369-2386).

Belles épreuves, dont quatorze avant toute lettre et douze pièces doubles, coloriées. En tout trente et une pièces.

1712 — La Mode. Neuf lithographies publiées dans ce journal (2387-2395).

Belles épreuves. Quatre sont avant la lettre et cinq sont doubles avec la lettre ou sur chine. En tout quatorze pièces.

1713 — Six pièces faisant partie des lithographies de format in-4, publiées dans le journal la Mode (2396-2402).

Belles épreuves du 1er état, avant la lettre, sur chine, une pièce est double avant la lettre, sur blanc.

1714 — Modes de Paris depuis 1750. Deux lithographies d'une suite projetée que devait éditer Blaisot (2403-2404, r. r. r.).

Épreuves sur chine.

GAVARNI

1715 — Le Monde dramatique. Deux pièces publiées dans ce journal (2405-2406).

Belles épreuves, une est double.

1716 — Musée des Costumes. Cent pièces (2407-2508).

Belles épreuves du 1er état, avant toute lettre. Manque le nº 2467.

1717 — Nouveaux Travestissements. Soixante-dix-huit pièces (2509-2586).

Belles épreuves du 1er état, en noir et coloriées. Six pièces sont du 2e état, plus la même suite presque complète, en 2e état, en partie coloriée, quelques pièces sont doubles, sur chine, avant la lettre ou avec différence de coloris. En tout cent soixante pièces.

1718 — Paris Élégant (2587).

Épreuve avant toute lettre, plus une épreuve avec la lettre.

1719 — Petits Travestissements. Deux pièces (2588-2589).

Belles épreuves.

1720 — Physionomies de la population de Paris. Suite de douze pièces (2590-2601).

Belles épreuves. Huit sont du 1er état, plusieur sont doubles, coloriées. En tout dix-huit pièces.

1721 — Psyché. Neuf pièces publiées dans ce journal (2602-2610).

Belles épreuves, dont sept du 1e état, avan la lettre et quelque épreuves doubles, coloriées, en tout quatorze pièces.

1722 — La Renaissance. Deux pièces publiées dans ce journal (2625-2626).

Belles épreuves avant la lettre, sur chine, plus les deux mêmes pièces avec la lettre. Coloriées.

1723 — Travestissements. Suite de douze pièces (2627-2639). La pierre nº 7 s'étant brisée à l'un des premiers tirages, Gavarni l'a remplacée par une autre lithographie. Notre suite renferme ces deux numéros, dont un très rare.

Belles épreuves du 1er état, avant toute lettre.

GAVARNI

1724 — Travestissements grotesques. Suite de six pièces (2640-2645).

Belles épreuves, dont quatre du 1er état, avant la lettre, plusieurs doubles, en différents états. Treize pièces.

1725 — Travestissements originaux. Quatre pièces (2646-2649).

Belles épreuves, sur chine. Six pièces doubles, dont trois portent les inscriptions et le bon à tirer de la main de Gavarni, et trois coloriées ; en tout dix pièces.

1726 — L'Homme du monde (2650).

Deux belles épreuves du 1er état, avant toute lettre, une est sur chine.

1727 — Costume d'Humann, pour député (2651), — Costume d'été (2652).

Deux pièces dont une avant toute lettre, sur chine.

1728 — Saison d'hiver (2653, r. r.).

Épreuve avant toute lettre, sur chine.

1729 — Artiste dramatique (2654, r. r. r.).

1730 — Philibert le mauvais sujet (2655, r. r. r.).

1731 — Institut (2656, r. r. r.).

1732 — Travestissement de fantaisie (2658, r. r. r.).

1733 — Travestissement de fantaisie (2659, r. r. r.).

1734 — Mode de l'Empire (2662, r. r. r.).

1735 — Espagnole (2663, r. r. r.).

1736 — Marseillaise (2664, r. r. r.).

1737 — Costume de transition (2665, r. r. r.).

Deux épreuves, dont une sur chine.

1738 — Châtelaine moyen âge (2667, r. r. r.).

1739 — Modes (2668, r. r. r.).

1740 — Modes (2670, r. r.).

1741 — Modes (2771, r. r.).

GAVARNI

1742 — Modes (2672, r. r. r.).

Deux épreuves, dont une du 1er état.

1743 — Modes (2673, r. r. r.).

Épreuve sur chine.

1744 — Œuvres posthumes. Trente et une lithographies sans aucune lettre, qui n'ont été imprimées qu'après la mort de Gavarni (2675-2703, r. r. r.).

Belles épreuves.

1745 — La Duchesse de Châteauroux (2704, r. r. r.).

1746 — Grotesques disguises. Huit pièces (2707-2714). Rares.

Belles épreuves, coloriées.

1747 — La Vie de jeune homme, — Les Étudiants de Paris, Impressions de ménage, — Masques et visages, etc. Treize pièces de ces différentes suites.

Épreuves d'essai, avec légendes au crayon, de la main de Gavarni, bons à tirer et corrections.

EAUX-FORTES

1748 — Quelle tenue (1, r. r. r.). Eau-forte.

Belle épreuve.

1749 — Balzac (2, r. r. r.).

Épreuve sur chine.

1750 — Paul Delaroche (3, r. r. r.).

Épreuve sur chine.

1751 — Buste d'homme souriant (4, r. r. r.).

1752 — Tête d'Androgyne.

Deux épreuves des 2e et 3e états.

1753 — Le Repos (6, r. r. r.).

Une épreuve sur chine et une sur blanc.

GAVARNI

1754 — Feuille de croquis (7, r. r. r.).

Épreuve sur chine.

1755 — Trois croquis sur une même planche (8, r. r. r.).

1756 — J'étais bon chasseur autrefois (9, r. r.).

Épreuve sur chine.

1757 — Sans ouvrage (10, r. r. r.).

Épreuve sur chine.

1758 — Gavarni (11, r. r. r.).

Épreuve sur chine volant.

1759 — Buste d'homme d'un âge mur (12, r. r. r.).

Épreuve sur chine.

1760 — Buste d'homme avec barbe (13, r. r. r.).

Épreuve sur chine volant.

1761 — Buste de petite fille (14, r. r. r.).

Épreuve sur chine.

1762 — Buste d'homme (15).

1763 — Croquis d'une tête d'homme (16, r. r. r.).

Épreuve sur chine volant.

1764 — Feuille de croquis (17, r. r. r.).

Épreuve sur chine volant.

1765 — Tête d'homme (18, r. r. r.).

1766 — Homme ivre (19, r. r. r.).

Épreuve sur chine volant.

1767 — Vieille mendiante (20, r. r. r.).

Épreuve sur chine.

1768 — Androgyne (21, r. r. r.).

1769 — Les Tribus errantes. Cinq pièces exécutées par le procédé électrographique, pour une suite projetée (22-26).

GAVARNI

1770 — Portrait de Gavarni, — Jeune homme debout, les mains dans les poches de son pantalon, — Homme assis, le coude appuyé sur une table. Trois pièces gravées à l'eau-forte. Deux ont été publiées dans le catalogue de l'œuvre de Gavarni. Huit épreuves de ces trois pièces.

Très belles épreuves en différents états.

1771 — Sous ce numéro, il sera vendu un grand nombre de gravures et lithographies d'après Gavarni. Vignettes pour les Mille et une Nuits, Gil Blas, les Voyages de Gulliver, Robinson Crusoë, etc. Bois tirés hors texte, pour les Français peints par eux-mêmes, les œuvres d'Alexandre Dumas, Scribe, etc. Eaux-fortes par J. de Goncourt, d'après Gavarni, etc., etc.

1772 — Sous ce numéro, il sera vendu par suites, ou séparément un grand nombre d'épreuves doubles, avant et avec la lettre, de l'œuvre de Gavarni, décrit ci-dessus.

1773 — Portrait de Gavarni, gravé par Boilvin. Trente-neuf épreuves en différents états.

Jeune homme debout, les mains dans les poches de son pantalon, eau-forte. Vingt-deux épreuves en différents états.

Le Cuisinier. Œuvres posthumes (2690). Vingt-sept épreuves sur chine.

Le Pince-nez. Œuvres posthumes (2684). Vingt-sept épreuves sur chine.

GAVARNI (Dessins par)

1774 — Le Juif, — Fétiche, — Péré, — Sultane, — La Cage à mensonges, — Costume de fantaisie. Six dessins à l'aquarelle, lithographiés par Gavarni et décrits dans le catalogue de son œuvre sous le titre de : Grotesque Disguises (2707 à 2714). Pourront être vendus séparément.

GAVARNI

1775 — La Cage à mensonges, composition différente de celle décrite au numéro précédent. A l'aquarelle.

1776 — Masques et visages. Cinq dessins, études pour ses lithographies, au crayon.

1777 — Paysanne debout. Étude. A la mine de plomb, au recto et au verso.

1778 — Études d'Androgynes, etc. Cinq dessins à la plume.

1779 — Pastourelle, — Arlésienne, — Républicaine, — Bohémienne. Quatre dessins à la plume, avec indications écrites de la main de Gavarni.

1780 — Costumes pour le pas cosaque. Deux dessins à l'aquarelle, avec description des costumes, de la main de Gavarni.

1781 — Corsaire, — Domino. Deux dessins au crayon noir et aquarelle.

1782 — La Leçon d'histoire, — Le Procès du ministre, — Jeune fille couchée, — Études de mains, etc. Cinq dessins à la mine de plomb.

1783 — Sous ce numéro, il sera vendu environ cinquante portefeuilles d'estampes de toutes les écoles, lithographies, vignettes françaises et anglaises, photographies, etc.

LIVRES

1784 — **Bouillon** (P.). Musée des Antiques, dessiné et gravé par P. Bouillon, peintre, avec des notices explicatives, par J. B. de Saint-Victor. Paris, de l'imprimerie de Didot l'Aîné. Trois volumes in-fol. demi-rel., maroquin rouge.

1785 — **Concours décennal**, ou Collection gravée des ouvrages de peinture, sculpture, architecture et médailles, mentionnés dans le rapport de l'Institut. Paris, chez Filhol et Bourdon, 1812. 1 vol. grand in-4, demi-rel., mar. rouge.

1786 — **Costumes.** Caractères dramatiques, ou portraits divers du Théâtre anglais. A Londres, chez R. Soyer et J. Smith, 1770. 1 vol. contenant vingt-quatre planches, cartonné.

1787 — **Costumes.** Suite de trente costumes italiens, publiés à Paris en 1809. En 1 vol. in-8, cartonné.

1788 — Costumes de la cour de Bourgogne, 1455-1460. Sous le règne de Philippe III, dit le Bon. Livraison de six planches, dans le portefeuille de publication.

1789 — **D. B.** Le Tableau de la Volupté, ou les quatre parties du jour. Poème en vers libres, par M. D. B. 1771. 1 vol. in-8, figures d'après Eisen.

1790 — **Desnoiresterres** (G.). Iconographie voltairienne. Histoire et description de ce qui a été publié sur Voltaire, par l'*Art contemporain*, par Gustave Desnoiresterres. Paris, Didier et Cie, 1879. 1 vol. grand in-4. Figures, en feuilles, renfermé dans le portefeuille de publication.

1791 — **Deveria.** Illustrations in-4, pour les Contes de Lafontaine. Suite de vingt-neuf lithographies. En 1 vol. grand in-4, demi-rel.

Très belles épreuves, sur chine.

www.ingramcontent.com/pod-product-compliance
Ingram Content Group UK Ltd.
Pitfield, Milton Keynes, MK11 3LW, UK
UKHW021958260726
13994UKWH00004B/1824